Adalbert Mayer-Heinricy

Sisyphos
und der Gral

Gedichte

Adalbert Mayer-Heinricy

Sisyphos
und der Gral

Gedichte

Edition Falkenberg

Abbildung auf dem Umschlag:
„Sisyphos“, Ölbild des Autors (60 cm x 80 cm)

1. Auflage 2020

ISBN 978-3-95494-217-6
www.edition-falkenberg.de

www.edition-falkenberg.de

Inhalt

Vorwort

Einen ersten Schwerpunkt bilden Gedichte zum Mythos des Sisyphos, einer Symbolfigur für das, oft vergebliche, Unterfangen, eine Aufgabe endgültig zu bewältigen.
Einen zweiten Schwerpunkt bilden Gedichte über das Streben nach Zielen, über Sehnsucht, über die Möglichkeiten und Grenzen unseres Wollens, über die Freiheit des Willens.
In der dritten Abteilung sind Gedichte über Liebensleid und Leidenslust versammelt. Den Abschluss bilden diverse Gedankensplitter.

Von einigen Texten anderer Autoren verfasste ich Variationen, d.h. abgewandelte Nachdichtungen.
Bei einigen Gedichten folgte ich dem Reimstil (aaba) der vierzeiligen Strophen des persischen Mathematikers und Astronomen Omar Chayyam (1048 – 1131).

In einem Nachwort gebe ich eine kurze Erläuterung zu meiner Idee einer Verknüpfung des Mythos von Sisyphos mit dem Symbol des Grals.

Die Texte entstanden zwischen 2013 und 2019.

Vielfältige Inspiration verdanke ich Laura.

Worpswede, Dezember 2019 Adalbert Mayer-Heinricy

Mythos des Sisyphos

„La lutte elle-meme vers les sommets suffit à remplir un cœur d'homme. Il faut imaginer Sisyphe heureux", Albert Camus (1913 – 1960).

„Der Kampf gegen Gipfel vermag ein Menschenherz zu erfüllen. Sisyphos muss man sich als glücklichen Menschen vorstellen."

Sisyphos und der Gral 1

Den Stein hab ich getragen viele Mal'
und hab' gekeucht, geächzt, geweint,
er-tragen Stunden, Tage, Jahre ohne Zahl.
Einst werd' ich selber sein versteint.

Ich schlepp' den Stein bergauf – er rollt zu Tal,
hinab steig' ich und kühl' mein heißes Blut.
Doch auf dem Gipfel ewig harrt der Gral.
Ich sammle mich und schöpfe neuen Mut.

Den Stein greif' ich und stemm' ihn hoch:
Dies ist der selbstbewusste Augenblick,
in dem ich stolz mich füg' dem Joch,
doch überlegen bin auch dem Geschick.

Der Gral ist meines Lebens Prüfstein.
Mein Streben nicht hat and're Wahl.
Wo wird Ruhe finden mein Gebein,
ob auf dem Berg, ob unten tief im Tal?

Den Stein hab ich getragen viele Mal'
und hab' gekeucht, geächzt, geweint,
er-tragen Stunden, Tage, Jahre ohne Zahl.
Einst werd' ich selber sein versteint.

Sisyphos und der Gral 2

Der Gipfel leuchtet schon im ersten Sonnenstrahl,
noch sinnt und säumt der Held im finst'ren Tal.

Stein und Berg betrachtet grübelnd Sisyphos,
er kennt des Berges Macht, des Steins Gewicht.
Entschlossenheit ihm strahlt aus dem Gesicht,
denn auf dem Gipfel ist sein Ziel: der hehre Gral.
Den Berg hat er bereits bestiegen Mal um Mal.
Er sammelt sich, lässt seine Energien jäh frei,
die Muskeln spannen sich und – ein wilder Schrei,
er stemmt und schultert rasch den Felskoloss.

In diesem selbstbewussten Augenblick
beherzt fügt Sisyphos sich dem Geschick:
Auch wenn Streben, Mühen sind vergebens,
Stein und Berg bestimmen ihm den Sinn des Lebens.

Steinig ist der Weg und steil der Hang,
den Fels er schleppt gar viele Stunden lang.
Zum Zenit die Sonn' ist schon gekommen,
doch erst des Berges Hälft' er hat erklommen.
Am Gipfel, endlich, und beim letzten Sonnenstrahl,
setzt ab die Last er, haben will den Gral -
doch ach! – den Berg hinab rollt jäh der Stein.
Statt Gral und Lust gewinnt er Frust und Pein.

Erschöpft wankt Sisyphos des Nachts hinab ins Tal.
Jedoch am Morgen steigt er wieder hoch zum Gral.

die Erleuchtung des Sisyphos 1

Bergan schleppt Sisyphos den Stein,
der Gipfel ist das Ziel, der Lohn der Gral.
Wird niemals enden seine Pein?
Bleibt ihm denn keine and're Wahl?

Gespannt verfolgt sein Blick des Steines Fall,
wie dieser knirschend rutscht und polternd springt,
fort dröhnend abwärts rollt mit Krach und Knall:
Das Lärmen jäh ihm wie Gesang erklingt!

Er schleppt den Stein nun mit Elan,
ihn stößt vom Gipfel Mal um Mal
und lauscht des Steines Lied fortan:
Erkannt hat er die Wesenheit des Gral.

die Erleuchtung des Sisyphos 2

Bergauf schleppt Sisyphos den Stein,
jedoch am Gipfel nicht erlangt den Gral.
Welch' Sinn hat denn des Helden Sein?
Wird niemals enden seine Qual?

Sein Blick folgt wach des Steines Bahn:
Mit Lärm der abwärts gleitet, rollt und springt,
doch jäh der Schall ganz anders sich hört an:
Gesang und Melodie ins Ohr ihm klingt!

Den Stein nun trägt er mit Elan,
auch wenn der rollt zu Tal stets wieder.
Verlangen nach des Steines Lied fortan
dem Held beflügelt Geist und Glieder.

zwei Gefährten 1

Der Stein vom Gipfel stets hinunter fällt,
doch Sisyphos am Ziele immer fest hält.
Das Ziel ist Weg, der Weg ist Gral!
Dies ist des Strebens Sinn in dieser Welt.

Sisyphos nicht leben kann mehr ohne Stein,
auch wenn ihm dieser Mühsal schafft und Pein.
Der Stein bleibt ohne Sisyphos am selben Fleck.
Keiner will, noch kann je ohne seinen Partner sein.

Der Aufstieg hoch zum Gipfel braucht Substanz
und Willenskraft, der Abstieg aber ist wie Tanz.
Im Tangoschritt läuft Sisyphos hinab ins Tal.
Der Stein bergab rollt singend mit Rasanz.

zwei Gefährten 2

Einsam ruht im finstr'en Tal der Stein.
Wie gerne würd' er auf dem Gipfel sein,
den Wolken nah, mit Blick in weite Ferne
und genießen Höhenluft und Sonnenschein.

Sisyphos des Steines nimmt sich an
und mühsam schleppt ihn dann bergan.
Auf dem Gipfel endlich setzt ihn ab,
jedoch der Stein hat einen and'ren Plan:

Auf Erden nie mehr bleiben will allein,
nicht auf der Stelle ruh'n – tagaus, tagein.
Er wünscht sich Unterhaltung und Bewegung,
immer will mit Sisyphos zusammen sein.

Klug nutzt er Windes Hauch und Stoß,
bergab sich stürzt in tiefen Tales Schoß
und jubelnd, lachend, singend rollt hinab.
Im Tale freudig er erwartet Sisyphos.

Der Held den Stein nun trägt vieltausendmal,
vereint sie wirken zwischen Berg und Tal
und Keiner will mehr ohne Partner sein.
Jeder ist dem And'ren Freund und Gral.

der Stein des Sisyphos – ein Talisman?

Den Stein betrachtet sinnend er von allen Seiten,
streichelt über seinen edlen Leib des Staunens voll:
Obgleich herab gestürzt aus Berges Himmelsweiten,
Zeit nicht! hatt' gefordert des Verschleißes Zoll.

Unverändert ist des Steins Volumen und Gewicht,
wie früher ist die Oberfläche glatt und blank gewerkt.
Der Stein hat nicht verloren seiner Jugend Angesicht,
die tägliche Bewegung seine Aura noch verstärkt.

Sisyphos erkennt den Sinn nun seiner Schicksalsfron:
Dem Steine dienen, Freiheit bieten, ist sein Ritual,
des Steines Glanz und Aura fördern, ist sein Lohn:
Hingabe und Streben füllen ihm den Lebensgral.

Sisyphos – und eine Perspektive?

Den Stein betrachtet sinnend er von allen Seiten
und die Hände streicheln wach des Steins Konturen:
Das Gewicht scheint leichter als vor grauen Zeiten,
denn die Oberfläche zeigt Verschleißes Spuren.

Im Lauf der Zeit er wird beim Stein erreichen,
dass zum Sandkorn dieser abgeschliffen, abgetragen,
schließlich ins fatale Nichts dann muss entweichen.
So wird Sisyphos erlöst von seinen Plagen.

Sisyphos – und die Liebe

Die Aufgab' niemals er zum Ende bringt,
erneut stets muss beginnen Sisyphos.
Rastlos er mit Willenskraft am Berge ringt,
denn keine Ruh' gönnt ihm sein Felskoloss.

Wenn dereinst der Stein am Gipfel bliebe liegen,
Müßiggang würd' Sisyphos dann lähmen,
denn der Quell' des Willens täte rasch versiegen,
er mit trägem Nichtstun würde sich bequemen.

Viel Rast und Ruhen schaffen keinerlei Gedeih'n,
doch Schöpfen und Gestalten fördern Leib und Geist,
vermögen ungeahnte Energien zu befrei'n,
nach Zielen streben Lustgewinn verheißt.

Auch das Lieben niemals darf zu Stillstand finden
und sich nicht auf scheinbarem Besitze ausruh'n.
Wenn Liebe wachsen soll und nicht verschwinden,
muss man nähren sie mit Hingabe und stetem Zutun.

Sisyphos am Ziel?

Am Gipfel liegen! bleibt der Felskoloss.
Im Tale träge langweilt sich jetzt Sisyphos.

Seit er geschleppt den Stein zum letzten Mal,
sein Leben hat nun weder Zweck noch Ziel.
Jetzt Glanz und Glut verloren hat der Gral,
nach dem er so gestrebt mit Mühsal viel.

Mit Nichtstun sinnlos eilt die Zeit,
schon Muskeln, Sehnen ihm erschlaffen,
auch strotzt der Bauch vor viel Behäbigkeit,
der Faulheit kann er nicht sich mehr entraffen.

Er steigt zum Gipfel schließlich, frei von Last,
entschlossen gibt dem Felsblock einen Stoß,
dass der ins Tal hinunter rollt. Dann, ohne Rast,
ihn schleppt zum Gipfel, wohlgemut und mühelos.

Mit Stein und Berg versöhnt ist endlich Sisyphos
und selbstbewusst bewältigt er fortan sein Los.

Sisyphos – und eine Lösung?

Den schweren Stein schleppt mühsam Sisyphos
den Berg hinauf und unentwegt, tagaus, tagein
mit selbstbewusster Haltung stolz er-trägt sein Los,
ein Leben ohne Lust und Lieb', mit Frust und Pein.

Die Aufgab' will beenden er um jeden Preis,
den Fortgang seiner Strafe gänzlich unterbinden,
dem Steine schenken Lohn für Blut und Schweiß,
der Macht des Zeus sich stellen, selber Ruhe finden.

Ein letztes Mal den Stein emporträgt Sisyphos.
Zeus' Willen kann er nur mit Todesmut besiegen:
Setzt ihn ab und stürzt sich in des Abgrunds Schoß.
Glückselig lächelnd bleibt der Stein am Gipfel liegen.

Bekenntnis

die Zeit mit Dir:

ein Augenblick
eine Ewigkeit
ein Himmelsflug
ein Höllensturz

ein Narr?

Er zählt nicht Jahre, nicht Sekunden,
weiß nicht Zukunft noch Vergangenheit,
nur Wechsel zwischen Nacht und Tages Stunden,
kennt nur seinen Pulsschlag in der Einsamkeit,
jedoch fühlt Liebe, Lust und Schmerz der Wunden.
Zeitlos er die Gegenwart erlebt in Flucht der Zeit:

Ein Narr? Absurder Held? Ein Weiser? – Sisyphos!
Er selbstbewusst bewältigt seines Daseins Los.

Glücklich macht, nach Gipfeln stets zu streben.
Hingabe erfüllen kann ein ganzes Menschenleben.

Roll den Stein hinauf!

Roll den Stein bergan, o Sisyphos,
trag ihn hoch zum Gipfel, unermüdlich!
Auch wenn Du weißt, wie aussichtslos
Dein Unterfangen ist und wie vergeblich:

Roll den Stein hinauf!

Halte fest an Deinem Ziel, o Sisyphos!
Nur wer das Unmögliche will erreichen,
nur wer mutig akzeptiert sein Los,
weckt Energien – und setzt Zeichen:

Roll den Stein hinauf!

Sisyphos – bin ich

Dich verehr', begehr' und liebe ich seit sieben Jahren,
aber Deine Gegenliebe konnt' ich nicht gewinnen.
Lust und Leiden unerfüllter Liebe habe ich erfahren,
immer neue Wege hin zu Dir ich suchte zu ersinnen.

Deinen Stolz hab' ich ertragen, hab' geächzt, geflucht
und dennoch Dich geliebt, mit Dir gelacht, geweint,
Du bist mein zweites Ich, nach dem ich hatt' gesucht
und Tyches Macht hat uns're Wege seherisch vereint.

Wenn mit Gefühl, Verstand ein Ziel ich mir gesetzt,
kein Weg ist mir zu weit und Mühsal nicht zu schwer,
Du bist mein Los, das heilt, bestraft, belohnt, verletzt,
ein Edelstein, den nie ich lasse los, nein, nimmermehr.

Meine Liebe gibt dem Willen immer wieder einen Stoß,
der Gral ist meines Strebens Ziel: Ich bin Sisyphos.

der Unstern
Variation eines Gedichts von Charles Baudelaire

Ach! Stemmen dieser schweren Last
- Du weißt es, Sisyphos – braucht Mut,
Beharrlichkeit ohn' Ruh' und Rast,
will Hingabe mit Schweiß und Blut.

Vor mir mein Ziel, des Gipfels Ungeheuer,
nah' dem Abgrund, meines Strebens Hölle,
dröhnt mein Herz wie Trommelfeuer,
jagt mich bis zur Todesschwelle.

Manch' Kleinod tief schläft unentwegt
in finstrer Erde Schoß, noch unentdeckt,
für Spatenstich und Pickel unerreichbar.

Manch' Rose trist vergeudet das Geheimnis
ihres süßen Dufts der Tugend in der Finsternis
und Einsamkeit, ganz sinnlos. – Unveränderbar?

Brunnen, Wasser, Mond und Du

Rastlos gieß' ich Wasser
tief in meinen Brunnen:
Vom Wasserspiegel haschen
will ich holdes Mondeslicht.

Ständig gieße ich und schaue -
Lichtreflex ist nicht zu sehen.
Ständig gieße ich und lausche –
Schall ist nicht zu hören.

Steigt mein Wasser hoch im Schacht?
Kommt am Brunnengrund es an?
Ist es denn verdampft,
verronnen, spurenlos versickert?

Rastlos gieß' ich Wasser
tief in meinen Brunnen.
Im Wasserspiegel küssen
will ich holdes Mondgesicht.

Bin ich Sisyphos?

Sinnlos ist ein Brunnen,
wenn er ohne Wasser.

Pindaros und Sisyphos

Was ist der Mensch?
Was ist des Lebens Sinn
in Zeit und Raum?

Was ist Denken,
was ist Fühlen?
Sein oder Traum?

Was ist Liebe,
was ist Freundschaft?
Sein oder Schaum?

Des Menschen Leben
ist nur nichtiger Hauch,
eines Schattens Traum. *

Ungreifbar ist Hauch,
kurzlebig ist Schaum,
wesenlos ist Schatten,
unwirklich ist Traum.

Ob Sein, ob Schein,
ob Schaum, ob Traum:
Sisyphos stemmt! den Stein.

* „eines Schattens Traum ist der Mensch"
Pindaros (518 – 446 v. d. Zr.)

der Gral

Den Gral suchst du mit Tatendrang
und find'st ihn nicht ein Leben lang:
Er ist in! dir und selbst! bestimmst du,
ob er schafft dir Lust, ob Zwang.

Du und der Gral

Warm und licht – wie Sonnenstrahl,
echt und rein – wie edles Gold,
stark und fest – wie harter Stahl,
treu und wahr – ein Weib, so hold!

Ziel und Weg – viel Lust, viel Qual,
Schweiß und Blut – des Grales Sold.

Ziel und Willen

Ziel und Willen

Niemals gib dein Ziel verloren,
wenn mit Herzblut und Verstand
geprüft, es du dir hast erkoren.
Willen ist des Strebens Erzgarant.

Ziel und Glück
an Hermann Hesse

Solang ich nach dem Glücke jage,
mir Ziele setze, rastlos bin,
solang an Unglück nimmer ich verzage,
schenkt das Leben Lust mir und Gewinn.

Solang noch Sinne mir sind reich beschert
und ich noch denken, fühlen, träumen kann,
solang noch Freundschaft wird gewährt,
mich drängt mein Willen stets gezielt voran.

Solang ich reifen will und mich entfalten,
neue Wege muss erproben ich und wagen,
aus Scheitern lernen, neu entwickeln und gestalten,
niemals will ich mutlos passen, nie entsagen.

Solang ich Neues will erkennen,
noch vermag zu schöpfen und zu schaffen,
kann das Glück mit Namen ich benennen
und mein Antrieb niemals wird erschlaffen.

Erst, wenn keine Ziele mehr mich treiben,
erst, wenn Geist und Körper am Erlahmen,
erst, wenn keine Freunde mehr mir bleiben,
nehm' beherzt ich Abschied: genug und Amen!

Willen und Vision

Wer erreichen will ein Ziel,
braucht Willen.
Wer Grenzen überschreiten will,
braucht Vision.

Stillstand oder Aufbruch?

Träge Hirne trödeln nur auf eingefahr'nen Spuren,
lahme Beine trotten nur auf ausgetret'nen Pfaden.
Visionen queren Grenzen hin zu neuen Fluren,
Willen bahnt sich Weg zu fernen Ozeans Gestaden.

Ziel und Zähe

Weht der Wind von hint',
zum Ziel ich flieg' geschwind.
Braust der Sturm von vorn,
dem Ross geb' ich den Sporn.

Willen und Weg

Erkenn' das Wichtige, das Wahre!
Verstand zum Ziele findet stets den Weg.
Glück ist ein gar schmaler Steg.
Willen mache zum Altare!

Weisheit

Lüge fürchtet Wahrheit.
Torheit scheut Vernunft.
Einsicht beugt sich Klugheit.
Tat gehorcht dem Willen.

Willen, Vernunft und Tat

Gesetz und Ordnung kämpfen gegen Chaos.
Zufall schafft Gelegenheit ganz ziellos.
Verstand lenkt Willen und Vernunft trifft Wahl.
Erst Handeln wirft dein Ziel dir in den Schoß.

Wunsch und Illusion

Verstand sowie Vernunft sind dir gemein
und auch Gespür für Traum und Schein.
Ach! Warum jagst du deiner Illusion denn nach?
Die Wirklichkeit dich holt stets ein.

Wunsch und Vision

Wünsche, welche flugs dir in Erfüllung geh'n,
wie Fackeln lodern, rasch jedoch verweh'n.
Gar mächtig Visionen dich beflügeln
und wie Sterne funkelnd fern am Himmel steh'n.

Letzter Wunsch

Ach! Im Zauber holder Augen Blinken
noch den letzten Kuss von Deinen Lippen trinken
und bei Feuersglut von Firmament und Meer,
von Dir umarmt ins Nichts versinken!

Suchen und Finden

Du suchst die Einsamkeit,
doch landest im Trubel;
du suchst Geselligkeit,
doch triffst Beiläufigkeit;
du wartest auf die Antwort,
doch hörst allein dein Echo.

Du strebst nach Erkenntnis,
doch stößt an Grenzen;
du strebst nach Weisheit,
doch handelst nicht danach;
du strebst nach einem Ziel,
doch es entfernt sich von dir.

Du suchst den Augenblick,
doch dir entgeht die Dauer;
du strebst nach Dauer,
doch verfehlst den Zeitpunkt;
du suchst die Anerkennung,
doch erntest nur Verachtung.

Du suchst die Wahrheit,
aber schöpfst sie selber.
Du suchst den Schatz,
doch hast ihn schon geborgen.
Du suchst nach deinem Du,
jedoch es wohnt bereits in Dir.

Sehnsucht und Erfüllung

Du strebst nach Wahrheit und nach Weisheit,
du wünscht dir Glück und auch Zufriedenheit,
du willst stets Freiheit, Frieden und Gerechtigkeit.
Es ist die Sehnsucht nach Erfüllung.

Du wünscht Dir Freundschaft,
du dürstest stets nach Liebe,
du begehrst die Zweisamkeit und Einsheit.
Es ist die Sehnsucht nach Erfüllung.

Du erstrebst das Einmalige,
du willst das Einzigartige,
du forderst selbst das Unerfüllbare.
Es ist die Sehnsucht nach Erfüllung.

Du greifst nach Sternen,
du willst das Absolute,
du willst Unendlichkeit.
Es ist die Sehnsucht nach Erfüllung.

Sehnsucht und Flucht

Am Anfang ist die Sehnsucht,
Sucht nach Liebe trifft mit Wucht.
Misslingen und Enttäuschung
treiben schließlich in die Flucht.

Am Anfang ist die Flucht,
Flucht von Liebe weg zur Selbstzucht.
Mut und Selbstvertrauen
lassen wieder keimen Sehnsucht.

Ambivalenz

Sehnsucht ist schöpferisch,
ist Anfang, ist Geburt.
Sehnsucht ist trügerisch,
ist Hoffnung, ist Illusion.

Erfüllung ist erleuchtend,
ist Anfang, ist Geburt.
Erfüllung ist sättigend,
ist Ende, ist Tod.

Sucht und freier Willen

Tabak würzig beizt die Zunge,
herber Wein dir beißt den Gaumen:
Munter bräunen Haut und Lunge,
alles Gift die Leber nicht kann zaumen.

Gewohnheit schärft dir alle Sinne,
Gehirn Geschmack sich merkt und Duft,
ob Wein dir durch die Kehle rinne,
oder Tabakrauch du atmest, anstatt Luft.

Du gierst nach Nikotinqualm immerzu,
du lechzt nach Alkoholgelagen.
Die Sehnsucht lässt dir keine Ruh':
Jedoch dein Willen frei! ist, Süchten zu entsagen.

Plädoyer für Willensfreiheit

Frei! dein Willen ist, zu wählen und gestalten,
Sitten sind die Säulen, die dich tragen, halten.
Frei! bist du, dich neu stets zu erfinden,
wenn dir neue Zwänge streng obwalten.

Frei! bist du zu wägen, wagen, schalten,
frei, dein Wesen und dein Können zu entfalten.
Mauern, die erbaut von Genen und Gesellschaft,
können Willensfreiheit nie dir vorenthalten.

Macht der Vernunft

Gefühl das Ding begehrt
und Wollen den Verstand verschlingt,
Vernunft den Willen klug belehrt
und Willen das Gefühl bezwingt.

Wägen und Wagen

Willen ist nicht bedingungslos.
Freiheit ist nicht grenzenlos.
Kern der Freiheit Wägen ist und Wagen.
Freier Willen dir bestimmt dein Los.

freier Willen und Spielraum

Verstand und Willen Spielraum nützen,
Ethos und Gesetz vor Willkür schützen.
Den freien Willen Zwänge zügeln.
Vernunft und Maß Entscheidung stützen.

freier Willen und Vernunft

Folge der Vernunft und deinem freien Willen,
um den Lebensgral mit Wein zu füllen!
Nütze deine Lebenszeit, ergreife deine Chancen!
Dann kannst du den Durst nach Wonne stillen.

Wollen und Weilen

Du denkst vernünftig,
doch handelst töricht;
du begehrst den Gral,
doch trinkst aus der Hand;
du zielst zum Mond,
doch spielst mit Murmeln;
du strebst nach Freiheit,
doch harrst in Ketten;
Du willst bestimmen,
doch wirst überstimmt;
du drängst nach vorn,
doch bleibst zurück;
du zögerst, wartest,
doch kommst zu spät.

Du willst ans Ziel,
du stolperst – fällst:
Stehe wieder auf
und laufe weiter!

der Kanarienvogel

Der Vogel weilt im Käfig, trinkt, frisst, singt,
sein Leben er in Scheingeborgenheit verbringt.
Die Artgenossen fliegen zu den Wolken hoch.
Ein Käfig seine Willensfreiheit strikt bezwingt.

Blickwinkel

Du siehst den Käfig nur,
darin der Andere sitzt
und siehst den Zwinger nicht,
in dem du selber schwitzt.

im Zwinger

Verstand sowie Gefühl dir treiben das Verlangen,
Willen bleibt im Zwinger deines Ichs gefangen.
Wesen, Maß und Werte sind dein Gitter.
Willen nur im Zwinger Freiheit kann erlangen.

Liebensleid und Leidenslust

die Distel

Du bist wie eine Distel, blühst in trock'nem Sand,
bist stachelig und stolz, doch einzig gut und schön,
hast mir entfacht im Herzen Lust und Brand,
der lodert und mir nimmer wird vergeh'n.

Himmelskörper und Du

Gleichst Du einem Schweifkomet?,
sein Ziel und Bahn nur er versteht,
der glühend erdnah sich befindet,
auftaucht, lächelt und entschwindet.

Gleichst Du einem Schnuppenstern?,
der leicht entflammt und unstet gern,
nur kurze Zeit die Leuchtspur zieht,
dann jäh erlischt, verraucht, entflieht.

Gleichst Du etwa einem „Schwarzen Loch“?,
das durstig Sterne trinkt, auch noch
die Sonn’ samt Mond und Erde mit verschlingt.
Auch meine Seele ganz im Loch versinkt!

Ambivalenz und Ganzheit

Trennt uns Kampf – eint uns Lust?
Eint uns Freud – trennt uns Frust?
Trennt uns Glück – eint uns Not?
Eint uns Lieb' – trennt uns Tod?

Bin ich Wolf – bist Du Wild?
Bist Du Speer – bin ich Schild?
Bin ich Dorn – bist Du Ring?
Bist Du Bild – bin ich Ding?
Bin ich Geist – bist Du Leib?
Bist Du Mann – bin ich Weib?

Du bist ICH und ich bin DU.

ihren Brief signierte sie:
„die kühle Blonde aus dem Norden“

kühle Blonde

Ich suche sie auf Inseln und in Fjorden
auf Klippen und am Meeresstrand,
in Steppen und Oasen, auch im Wüstensand:
Die kühle Blonde aus dem Norden.

Die Saiten lass’ ich klingen in Akkorden,
mit Liedern sanft und feurig will ich sie betören,
doch sie schweigt und mag mich nicht erhören:
Die kühle Blonde aus dem Norden.

Freundesliebe treibt mich zu Rekorden.
Mit ihr ich teilen würde Leib und Gut,
ihr spenden eine Niere und mein Blut:
Der kühlen Blonden aus dem Norden.

Ihrem Ethos ziemen Himmels Orden.
Wahrhaft ist ihr Wesen, blütenweiß
ihr Tugendkelch, jedoch ihr Herze ist aus Eis:
Oh, Du kühle Blonde aus dem Norden!

das Mahnmal

Einst diente es dem Gleis als Schwelle,
für die Lorenbahn durchs Watt zur Hallig hin.
And'ren Zweck erhält es nun an and'rer Stelle:

Erkoren hab ich dieses Eichenholz,
das von Sonne, Wind und Meer gereift,
zum Symbol für Dich, ein Weib, das stolz.

Ein klarer Quarz als Gral und Bürde
krönt das derbe Scheit der Eiche,
lädt mich zur Besinnung ein mit Würde.

Energie geladen strahlt der Quarzkristall:
Das Licht von Sonne, Mond und Sternen
sammelt er, zerlegt und lenkt zurück ins All.

Der Quarz mahnt ständig mich an Dich:
Denn so, wie er des Himmels Licht hell reflektiert,
wird meine Seele tief gespiegelt durch Dein Ich.

alte Ballade – neu

Es waren zwei Königskinder,
er hatte sie von Herzen lieb.
Sie konnten zusammen nicht kommen,
zwischen ihnen stets ein Gitter blieb.

Sie lebte einsam in dem Turm am Fluss,
am ander'n Ufer er im Schloss.
Durchs Gitter gab sie keinen Kuss,
getreu der Tugend, hoch zu Ross.

Er sprang ins Wasser, trotzte Blitz und Sturm
und schwamm zu ihrem Ufer hin.
Verlassen fand er ihren Turm,
derweil sie wollte nimmer lieben ihn.

Vergeblich war sein Streben und sein Mut.
Enttäuscht gar bitter und erfüllt von Schmerz
er tauchte wieder in des Flusses Flut,
denn die verlor'ne Lieb' zerbrach sein Herz.

Ein Strudel zog hinab ihn bis zum Grund,
sein Federhut nur auf der Strömung trieb.
Erst als die Maid erfuhr die Todeskund',
erkannte sie, dass sie gehabt ihn lieb.

Liebeskrankheit
Variation eines Ghasels von Hafis

Meine Liebe ist kein Schwindelanfall,
welcher auftaucht jäh und wieder rasch vergeht.
Meine Freundschaft ist kein Zufall,
denn mit Sinn und Gründen sie entsteht.

Der Liebe Himmel hast Du uns verboten,
bleibt der Freundschaft Paradies verschlossen?
Doch uns're Seelen innig sich verknoten
und sind untrennbar in Erz gegossen.

Meine Liebe ist 'ne Krankheit,
gegen die gibt's keinerlei Arznei'n.
Kein Mensch ist gegen sie gefeit,
wenn ausbricht diese Seelenpein.

Meiner Liebesqualen Tränenschwall
zum Fluss hinein ich lasse bluten,
dass ganz wehrlos bricht der Deiche Wall
und Wasser Land und Leute überfluten.

Deines Haares wallend' Locken
sanft umranken Deine samt'nen Wangen
milde, so, wie krause Wolkenflocken,
die den Silbermond umfangen.

Wie wollt' ich herzen Dich und küssen,
doch Du wehrest ab, sagst „Nein!"
„Wir noch eine Weile warten müssen,
bis verhüllen Wolken Mondenschein."

Rubin mir leuchten Deine Lilienlippen,
freundlich lächelt mir Dein Rosenmund.
Lass uns von dem Rotwein selig nippen,
bis der Gral geleert ist auf den Grund.

an die ferne Angebetete

Wann spendet Aphrodite Deine Aura,
Deine Gunst und Inspiration auch mir?
Wann tritt Dein Alabasterfuß
sacht über meines Hauses Schwelle?
Wann kost mir Nase, Stirn und Wangen
Deines Hauptes krauses Goldrevier?
Wann streift mich Deiner Wimpern
Flügelschlag, Du prächtige Libelle?

Wann kitzeln Deine Stacheln mich,
Du Rosenglut am Dornenstrauch?
Wann füllt den durst'gen Herzensgral
mir Deiner Augen Türkisblau?
Wann flüstert die ersehnten Worte
mir ins Ohr Dein Lilienhauch?
Wann tröstest meine Lippen Du
mit Deinem zauberhaften Tau?

Meine Hände werden streicheln lind
Dein zartes Fell, Du einsame Gazelle.
Mein Bart wird schmeicheln sanft
die Hügel Deines Leibes Zier.
Meine Lippen werden preisen
Deiner Tugend Nektarquelle.
Möge doch Dein Herz erkennen
meiner Freundesliebe Elixier!

Meiner Inbrunst Nachtigallgesang
wird tilgen Deine Bitternis.
Meiner Freundschaft Ozean wird gießen
Sinnesfreuden in die Seele Dein.
Meiner Liebe Zaubergarten wird verraten
Dir der Seligkeit Geheimnis.
Möge doch der Goldschatz Deines Wesens
endlich mich erlösen von der Liebespein!

das Füllhorn

Seit in Deiner Seele Buch ich hab' gelesen,
bin bewegt ich durch Dein edles Wesen.
Charisma und Geist samt Antlitz und Gestalt
bestricken mich mit freundlicher Gewalt.

Hast Du denn erkannt mich treuen Veteran,
der Dich führen kann auf eine Himmelsbahn?
Wolltest Du Vertrauen und Dein Herz mir schenken,
Sinnesfreuden würde ich für Dich erdenken:

In Deinen gold'nen Lockenschlingen
täte baumeln ich, Dir Hymnen singen,
flüstern leis' in Deine Muschelohren
Honigworte, dass Du würdest neu geboren;

meine Lippen ließe ich auf Deinem Antlitz tanzen,
täte Dir Rubine fein in Deine Grübchen pflanzen,
Deines Kinnes Rundung kraulen, kosen, streicheln,
Deinen Hals mit gold'nen Perlen Dir umschmeicheln;

leuchtend würde ich Dir lassen prangen
rosarot Korallen auf den ach! so blassen Wangen,
sorgsam pflegen Deinen bittersüßen Mund,
dass ewig bliebest jung Du und gesund;

mit Rosennektar glätten Deine strengen Falten,
Deines Wesens Kanten, Zacken rund gestalten,
rings um beide Warzen auf Dei'm Nacken
Dir Smaragde und Saphire kunstvoll backen;

in Deiner Augen abgrundtiefe Brunnen tauchen
würde ich, Glückseligkeit ins Herz Dir hauchen
und mit Deiner süßen Lippen Grat und Bogen
segeln auf der Liebe mächt'gen Meereswogen;

mit Rosenranken Deinen keuschen Leib umhüllen
und mit Inbrunst Deine Herzenswunden stillen,
Deiner Tugend Schwanenfederflaum sanft küssen,
dass solch' Kosung nie mehr wolltest Du vermissen;

Leid, Gefahr und Not ich würde Dir besiegen,
mit Deiner Augen Sonnenstrahlen fliegen
und mit Deiner kessen Zunge schnellen Pfeilen
bis ans End' des Universums mit Dir eilen.

Blumen blühen und verwelken,
Früchte reifen und verderben doch im Nu:
Ach! Lass uns Tyche's Füllhorn melken!
Liebste, worauf wartest Du?

Liebesqual

Liebe und Verlangen sind so wonnevoll,
jedoch Dein Herz bleibt kalt wie Eis und Stein.
Ich weiß nicht, was ich machen soll,
hab weder Freud noch Lust, nur Pein.

Leben währt mir ohne Sinn und Plan,
in meinem Hirn anstatt Vernunft ist Stroh.
Ich weiß nicht, was ich machen kann,
denn nimmer werd' ich wieder froh.

einsamer Weg

Kraniche in Scharen fliehen,
Gänse stets marschier'n in Reih'n,
Büffel meist in Herden ziehen.
Ich ziehe ganz allein.

Kater mit den Katzen spielen,
Raben weilen lebenslang zu zwei'n,
Tiere Spaß zu zweit erzielen.
Ich spiel' mit mir allein.

Menschen gern zu zweien weilen,
Dach und Bett samt Brot und Wein,
Füll' und Not als Paar sich teilen.
Ich teil' mit mir allein.

Zwei Menschen, die sich finden,
ihre Seelen für einander weih'n,
ihre Leben sie zusammen binden.
Ich find' zu mir allein.

Ob in Scharen, ob in Reih'n,
ob in Herden, ob zu zwei'n,
dasselbe Los ist allen stets gemein:
Den letzten Weg geht jeder ganz allein.

folgen und verfolgen

Die Katz' verfolgt die Maus,
der Fuchs verfolgt die Gans.

Der Ursach' folgt die Wirkung.
Dem Willen folgt die Tat.
Verstand folgt der Vernunft.
Das Herz folgt dem Gespür.

Verfolg' ich Dich?
Oder folg' ich Dir?

Der Schein flieht vor dem Sein.
Die Furcht sich beugt dem Mut.

Flieht der Falke vor dem Spatz?
Kneift die Schlange vor dem Frosch?
Weicht die Sonne vor dem Silbermond?
Bebt die Erde bei dem Lied der Nachtigall?

Warum fliehst Du denn vor mir?

Geburtstagswünsche 2016

Blick' zurück stets ohne Groll und Reue!
Schau' voraus mit Mut und Zuversicht!
Beschert Dir seien Freunde, teure, treue!
Geschenkt Dir werde Liebe, Wärme, Licht!

Erkenn' das Wichtige, das Wahre!
Setze Ziele Dir und wähle Richtung!
Eigenart sowie Vernunft bewahre!
Selbstvertrauen Dir erhalte, wag' den Sprung!

Achte Altes, offen sei für Neues, sei bereit!
Sei tapfer, falls Dir zustößt Not und Leid!
Gesundheit möge Dir beschert sein allezeit!
Leb' in Freuden, find' Glückseligkeit!

ihr Motto ist: „Irgendwie geht's immer weiter".

Ermutigung 2

Hast einen Fehler du gemacht,
beim nächsten Male sei gescheiter!
Denk' und handle mit Bedacht!
Irgendwie geht's immer weiter.

Bist du vom Dach herab gefallen,
nimm dir eine läng're Leiter!
Oder fester musst du dich verkrallen.
Irgendwie geht's immer weiter.

Hat man fristlos dir gekündigt,
nimm das Los gelassen hin und heiter!
Denn noch bist du nicht entmündigt.
Irgendwie geht's immer weiter.

Hat dein Bauchspeck zugenommen,
mach' den Gürtel etwas weiter!
Auch Diät kann dir mal frommen.
Irgendwie geht's immer weiter.

Hast den Liebsten du verloren,
nimm es hin gelassen, bleibe heiter!
Bald schon wird der neue dir geboren.
Irgendwie geht's immer weiter.

Jahreswechsel im Moor

Du sagtest vorher mir kein Wort,
wohin Du bist entfloh'n.
Ans Meer, ins Land, an welchen Ort?
Ich bin im Moor zum fünften Male schon.

Der Himmel dicht verhangen,
Neumond heut' und unsichtbar die Sterne.
Von tiefer Finsternis bin ich umfangen,
nur schwacher Lichtschein in der Ferne.

Unter mir mein totes Weib im Sand
und über mir das hehre Himmelszelt,
doch in mir Du!, des Herzens Lust und Brand.
Du Dornenrose! Nabel meiner Welt!

Mitternacht! Das alte Jahr ist nun vorbei,
am Horizont viel Feuerwerk rundum.
Erschreckte Gänse und auch Enten mit Geschrei
in Scharen schwirren laut um mich herum.

Wie und wohin soll ich lenken
meiner Freundesliebe Kosung,
meine Energie gebündelten Gedanken?
„Ich schaffe das!" heißt meine Losung.

Rasch ich drehe mich herum im Kreise,
mächtig strahle meine Energie ins All.
Sei umarmt ganz innig, sanft und leise,
wilde Rose Du, von Deiner Nachtigall.

Neujahrswünsche 2016

Bleib' gesund im Hirn und Herzen!
Bleibe Deinem Wesen treu!
Ersparet bleiben Kummer Dir und Schmerzen!
Fällst Du, stehe auf, beginne neu!

Hab Zuversicht und schöpfe frischen Mut!
Lasse von Vernunft Dich leiten!
Nähre achtsam Deines Lebens Glut!
Bald kommen wieder bess're Zeiten.

Aprilzauber

Milde Luft, hold süßer Duft und Schweigen,
klare Frühlingsvollmondnacht.
Mit Silberglanz im Blütenreigen
schwelgt des Kirschbaums weiße Pracht.

Im Herzen fühle ich ein glühend' Sehnen,
heiß nach ihr, dem Weib mit rätselvollem Sinn.
Der Blütenbaum erscheint, im Wähnen,
jäh verwandelt mir als holde Mondeskönigin.

Mit weißem, reichen Blütensegen
greifen ihre Arme in die hohe Nacht,
des Firmaments Geschmeide sie mir legen
in den Schoß und Schlaf mir schenken sacht.

Die Sonne weckt mich auf mit Sturmesbrausen.
Blütenflocken fliegen, übersäen Flur und Land,
vergrämt, vergeudet sind im Baumeszausen.
Die weiße Pracht ein Jahr lang bleibt verbannt.

Tanz in den Mai

Der Lenz ist da, die langen Nächte fliehen,
Natur erwacht, bereit zu neuem Leben:
Samen sprießen, Bäume grünen, Blumen blühen,
Tier und Mensch erfasst ein munt’res Streben.

Tiere finden sich zum Paaren in den Auen,
der Mensch beginnt zu schwärmen und zu dichten.
Vögel singen fröhlich und schon Nester bauen:
Denken, Schöpfen alle auf die Zukunft richten.

Verharre nicht in der Gedanken Schneckenhaus!
Das Leben reicher sich entfalten kann zu zweit.
Den Harnisch sprenge, Schleier lüfte, komm’ heraus!
Mit Lenzes Segen wird Dein Herz vom Eis befreit.

Verschanze nicht Dich hinter Gräben, Mauern!
Verschmähe nicht die Hand, vom Freund gereicht!
Erwachen wird Dir Lebenskraft und dauern.
Noch neue Räume wirst erforschen Du – vielleicht.

Erkenne guten Samen zwischen leerem Spreu!
Du bist doch selbstbewusst und mutig, stark und frei:
So führe! Und auch lass’ Dich führen, ohne Scheu!
Denn kurz nur währt des Lebens wonniglicher Mai.

Variation eines Volkslieds

In meines Herzens Grunde
sich dreht ein Folterrad:
Die Liebste gab mir Kunde,
sie mich geliebt nie! hat.

Es schallt aus ihrem Munde
manch' gutes Wort, manch' Rat.
Drauf wart' ich Stund' um Stunde,
für mich sie Zeit nicht hat.

Was wird aus unser'm Bunde,
den beide wir bejaht?
Ich blut' aus Herzens Wunde,
die sie geschenkt mir hat.

Ich Treu' ihr hab geschworen,
mein' Seel' gab mit dabei,
für sie ich ward geboren,
mein Lieb' geht nie vorbei.

ohne Gegenliebe

Wenn du voller Liebe bist,
erfüllt von mächtigem Verlangen,
wenn spröde die Geliebte ist
und alle Werbungen misslangen,

wenn die Liebe wird zur Sucht,
der Schwächere bist du von beiden.
Es bleibt dir nur vor ihr die Flucht,
sonst ewig wirst du blutend leiden.

die Sphinx 1

Locken anmutig ihr Antlitz sanft umwallen.
Ihr Löwenleib hat Brüste, Fänge, rote Krallen,
Geistes Flügel, Schlangenschwanz:
Dämonisch lockt die Schöne mich zu Spiel und Tanz.

Rätsel ihres Wesens zu ergründen, ist mein Streben,
von Verwünschung sie erlösen, ist mein Ziel und Leben.
Lust und Seligkeit beschert sie mir – auch Herzensnot.
Zu gewinnen sie, ich fürchte Löwen nicht, noch Tod.

die Sphinx 2

Fee und Hexe, Meermaid, Muse, zauberhafte Frau;
Sand und Erde, Saat und Ernte, Rose, Distel auch;
Wolkenbruch und Hagel, Morgenluft und Tau;
Regenbogen, Eiskristall und süßer Windeshauch:
bist Du!

Sanfte Welle, wilde Woge, Ebbe, Sturm und Flut;
Segel, Strudel, Anker, Insel, Wall und Felsenturm;
Steg und Brücke, Quelle, Brunnen, Brand und Glut;
Sonnenblick und Falkenauge, wilder Lindenwurm:
bist Du!

Saitenklang und Paukenschlag, betörende Schalmei;
Rosenduft und Dornendickicht, Falle, Edelstein;
Nachtigall- und Lerchensang, auch Kranichschrei;
Balsam, bittersüßes Elixier, berauschend herber Wein:
bist Du!

Zuflucht, Woll-Lust, Kerker, Trost und Qual;
Gipfel, Abgrund und Vulkan, Versuchung;
Paradies, Oase, Wüste, Hölle, Endziel, Gral;
Heil, Verheißung, Kreuzigung, Erlösung:
bist Du!

die Hexe

Wer Wesen, Tugend, Aura einer Hexe preist,
Verehrung, Freundschaft, Liebe ihr erweist,
dazu noch seine Seele ihr verschreibt,
der wird als Leckerbissen gern von ihr verspeist.

das Weib im Wein

Voll Sehnsucht denke ich zur Abendstund'
an Dich, mein Schatz, und trinke roten Wein,
denn wirrend schimmert auf des Glases Grund
Dein holdes Antlitz mir hervor, wie Zauberschein;
dann küss' ich Dich im Weine auf den Mund
und leere Glas um Glas, bis selig ich schlaf' ein.

Lieb’ und Leid

Lebensfunken, Sternenstund’,
reinster aller Willenstriebe,
höchster Gipfel, tiefster Abgrund,
Freude, Lust und Pein – ist Liebe.

Liebensdämmerung

Der Helm zerborsten und der Speer zerbrochen,
meines Schwertes Schneide schartig und geschröpft,
die Seele blank gefegt, das Herz erstochen,
des Verstandes Kraft, des Willens Drang erschöpft.

Ist Liebensmut schon ausgezehrt?
Ist Lebensglück schon ausgeträumt?
Sind Blut und Wein im Gral geleert?
Hab' meine Chancen ich versäumt?

Verzweiflung 2
Variation eines Gedichts von Friedrich Nietzsche

Töricht habe ich mein Glück vertan,
weit fort die Liebste – irgendwo.
Nicht weiß ich, was ich tuen kann,
dass sie zurück kehrt wieder lebensfroh.

Bitter hege gegen mich ich Groll,
mein Herz schlägt laut und wild.
Nicht weiß ich, was ich tuen soll,
der Druck in meinen Adern schwillt.

Liebe labt und Sorge quält bei Nacht und Tag:
Hoffnung, Zweifel – ach, welch' Höllenpein!
Nicht weiß ich, was ich tuen mag,
nur herzensgut will ich zu ihr stets sein.

Gedanken zu ihr wallen sehnsuchtsvoll,
für sie Gefühle lodern lichterloh.
Nicht weiß ich, was ich tuen soll.
Werd' nie mehr sehen ich sie – nirgendwo?

Sonnenglut im Meer: Dort suche ich das Weib.
Die Brust schöpft Mut, die Füße spüren Sand,
ins tiefe Wasser taucht mein durst'ger Leib.
Wohlan! Ich finde Dich – im ätherfernen Land.

Lebensdämmerung

Der hohe, heiße Sommer ist vorbei,
ganz tief und finster Wolken hangen,
sacht und dünne nieselt kalter Regen.
Fühlt mein Herz ein ahnend' Bangen?

Das Laub verändert seine Färbung,
Äpfel, Birnen schon vom Baume fallen,
Hollerbeeren traurig sind vertrocknet.
Sind die Hoffnungssäulen schon zerfallen?

Der Bienen Summen ist verstummt,
Gesang der Amseln hat geendet,
Schmetterlinge schlafen schon.
Für welche Ziele hab' ich Zeit verschwendet?

Flox und Lilien sind verblüht,
die braunen Samenköpfe faulen hin
und gelbe Blütenkerzen fahl verleuchten.
Hat mein Leben denn noch Zweck und Sinn?

Krähen laut und grausig krächzen,
Kraniche nun ziehen, schrill ihr Schrei'n erschallt.
Der Frösche Quaken längst schon hat geendet.
Sind denn meine Fragen antwortlos verhallt?

Noch hab' ich Pläne, hab' noch Ziele,
bin gesund, ertrage weder Leid noch Not.
Jedoch des Lebens Dämm'rung hat begonnen,
der Winter naht – und balde auch der Tod.

die Sonne sinkt

Die Sonne sinkt,
ein Stern schon blinkt,
der Lenz vergeht,
der Herbst verweht.

Der Leib nicht schwach,
der Geist noch wach,
die Liebe schwingt,
nur Tod bezwingt.

irdische Aura

Hat geschlagen mir dereinst die letzte Stund'
und, Liebste, Du erweist am Grabe mir die Ehr',
ein hehres Lied erschalle hell aus Deinem Mund
von Strand und Klippen, Sturm und Meer!

Verknüpft hat uns ein innig' Freundschaftsband,
drum trink mir zu mit einem Glase Wein,
beschmücke Dich mit farbenfroh'm Gewand,
flott tanz für mich und wäss're nicht die Äugelein!

Nicht denken und nicht schöpfen werd' ich mehr,
doch meine Aura bleibt verwahrt in Dir.
Zwar stürze ich zur Finsternis, wie Luzifer,
doch meine Aura singt und tanzt und trinkt mit Dir.

Heimat

Heimat suchst du immerfort.
Ist sie Land? Ist sie Ort?
Du suchst sie weit und breit,
du suchst den Hafen, suchst den Hort
und find'st ihn weder hier noch dort.

Heimat ist Geborgenheit!

ewig Lied

Freud und Leid
Kuss und Hieb
Angst und Schneid
Hass und Lieb'

Krieg und Fried'
Nacht und Tag
Lärm und Lied
Schwert und Waag'

Treu und Trug
Glück und Not
Heck und Bug
Sein und Tod

Freud und Leid
Kuss und Hieb
Angst und Schneid
Hass und Lieb

ewig Lied

alpha et omega

Bedenkenlos ein Alpha habe ich erkoren,
grenzenlose Zuneigung ich hab' gefühlt,
bedingungslose Treue hab' geschworen,
fehlerlos die Freundschaft doch verspielt.

Beispiellos der Liebe Wein hab' ich getrunken,
semper es in dulci iubilo,
doch rettungslos im Nichts bin ich ertrunken,
alpha es et o.

tödliches Schweigen

Der Atlas Deines Schweigens lastet auf der Brust,
mich drückt aufs Herz und die Gedärme.
Hab' ich verwirkt des Lebens Freud' und Lust,
verloren Deines Herzens Licht und Wärme?

unvollendet

Ist das Band zerrissen? Habe ich umsonst gestrebt?
Werke unvollendet und Erfahrung unerlebt?
Ziele unerreicht, Erfüllung nicht errungen?
Weine ungetrunken, Lieder ungesungen?

Ungedacht Gedanken, Meinung ungesagt?
Fragen ohne Antwort, Wollen nicht gewagt?
Schwächen unerkannt und Stärken unentdeckt?
Tugenden noch unerforscht, Talente nicht erweckt?

Freundschaft unbewährt und Fehler ungebüßt?
Liebe unergründet, Küsse ungeküsst?
Ungeschmiedet Gold, Entschlüsse nicht gefasst?
Dich verehre ich, – hast Du mich denn gehasst?

in Chiffre

Als Göttin hab' ich Dich erkiest,
Gefühle Dir auf Pergament geküsst,
hab' Runen Dir gelegt im Meeressand,
Dir Feuerzeichen in den Äther hell gebrannt,
hab' Heilsgedanken Dir ins Herz gehaucht
und Deine Seele in die meine tief getaucht.

Mit Wünschen nicht will ich bedrängen,
nicht Lebensart noch Ziele Dir aufzwängen.
In Chiffre werde ich, wie immer, schreiben Dir
von meiner Liebe heiß mit Herzblut auf Papier,
doch dann in Schnipsel klein zerreißen es geschwind
und lassen Blut, Papier und Lieb' dem Wirbelwind.

Geburtstagswünsche 2017

Bewahre Deine Eigenart!
Dein Körper bleibe stark, Dein Geist glasklar!
Bescheret seien Wärme Dir und Licht!
Bezwing' des Zufalls Launen Fahrt
durch Streben, Ziel und Zuversicht!
Du bist so echt, so offen, fair und wahr,
bewahre Deine Eigenart!

Erfinde Deinen Weg,
bergab, bergauf, geradeaus!
Besonnen lenk' Dein Lebensrad,
hin über einen schmalen Steg,
entlang dem schroffen Grat,
und schaue stets voraus!
Erfinde Deinen Weg!

Erschaffe Dir Dein Glück,
alleine oder – besser doch – zu zweit!
In Zweiheit wehrlos ist die Zeit.
Bewusst erleb' den Augenblick!
Dein Herz und Sinne öffne weit
und finde Dir Geborgenheit!
Erschaffe Dir Dein Glück!

Krieg und Frieden

Zerstörung, Leid und Gräuel schafft der Krieg,
vor Tugend, Unschuld macht nicht Halt.
Gar schlimme Opfer krönen einen Sieg,
nur rasche Flucht verschont uns vor Gewalt.

Ganz nutz- und sinnlos werden Hab und Gut,
wenn Leben ist bedroht von Not und Leid.
Mit Selbstvertrauen, Energie und Mut
wir finden wieder Schutz und Menschlichkeit.

Wo Frieden herrscht, da ist Geborgenheit,
dort wohnt der Atem auch zum Glücklichsein
und gegen Not und Pein sind wir gefeit,
wo Freundschaft währt, wo Liebe kann gedeih'n.

Eintagsfliege

Vieltausendmal sie tanzt mit Flügelschlag,
die Sonne sie erblickt nur einen Tag,
den Mond und Sterne eine einz'ge Nacht.
Jedoch ihr Leben ist erfüllt mit Lust und ohne Klag'.

nur die Seifenblase?

Zaubersaft und bleicher Schaum
erweckt zum Sein, in Zeit und Raum,
gezielt sich formt mit Farbenpracht,
bis jäh dann endet seines Daseins Traum.

Blitzschlag

Aus edlem Samen wächst empor der Liebe Baum,
sich formt und reift, gedeiht mit Sporn und Zaum
und Zweig um Zweig zur Krone, Blatt um Blatt,
bis jäh ein Blitz zerschlägt des Baumes Traum.

Tag und Nacht

Ob Tag, ob Nacht, mein Denken kreist um Dich,
Dein Wesen, Deine Aura stets umfangen mich.
Nie mehr findet meine Seele Frieden, nimmer Ruh',
bis dass mein Ich vereint ist ganz mit seinem Du.

ich fragte sie: „Wie geht Dein Leben weiter?“
sie antwortete: „Jeder neue Tag vielleicht
gibt eine Antwort drauf“.

jeder neue Tag

Der Menschen Leben ist ein ewiges Gerauf’,
sie drohen, strafen, quälen, streiten.
Wann wird Frieden ihre Herzen weiten?
Jeder neue Tag vielleicht gibt eine Antwort drauf.

Ihr Leben hält die Perle fest am Knauf,
doch einsam lebt in einem Muschelhaus.
Wann wird sie klug und kommt heraus?
Jeder neue Tag vielleicht gibt eine Antwort drauf.

Allein verbringt Rapunzel ihren Lebenslauf.
Träumt von einem Prinz die holde Maid?
Wird aus ihrem Turm sie irgendwann befreit?
Jeder neue Tag vielleicht gibt eine Antwort drauf.

Den Stein schleppt Sisyphos den Berg hinauf,
doch der rollt lachend stets hinab ins Tal.
Wird dem Helden jemals enden Fron und Qual?
Jeder neue Tag vielleicht gibt eine Antwort drauf.

Willst ein Leben lang nur harren Du? Warten drauf,
dass in den Schoß Dir fällt von selbst das Glück?
Jedoch nur Ziel und Willen zwingen das Geschick.
Ohne sie kein neuer Tag gibt eine Antwort drauf.

Augenblick und Dauer 2

Mir fehlt zu meinem Glücke,
zu Frohsinn, Lust und Mut
der Lichtstrahl Deiner Augen Blicke,
die Dauer Deines Herzens Glut.

Dir fehlt zu Deinem Glücke,
zu Frohsinn, Lust und Mut
der Lichtstrahl zweier Augen Blicke,
die Dauer eines Herzens Glut.

Kernfrage

Wenn Seelenverwandtschaft uns verbindet
und zu Freundschaft wir uns treu bekennen,
wenn Lieben alles Leiden überwindet,
welche Macht kann jemals uns noch trennen?

Teilen

Sand und Felsen, Luft und Meer,
Himmel blank, trüb, wolkenschwer,
Sturm und Hagel, Sonne, Regen:
Alles teilen mit Dir ist mein Begehr.

Ruhen, Träumen – still am Klippenrand,
Singen, Tanzen – froh im Dünensand,
Denken, Fühlen: Teilen mit Dir!,
vereint mit Dir in Freundschafts Band.

Wärme, Kälte, Sterne, Mondenschein,
Licht und Dunkel, Wasser, Brot und Wein,
Lachen, Weinen: Teilen mit Dir!,
gefangen sein in Deines Herzens Schrein.

Irish Song*

May the rose bloom to greet you,
may the nightingale transmit my thoughts.
May the ocean tell you of my urge,
its waves reveal my faithful love.

May the stars bless and lead you,
may the moon watch over your calm sleep.
May belief appease your pain of heart,
true faith endure without your doubt.

May the wind blow to stroke you,
may the sun embrace you with blue sky.
May my ardent yearning touch your soul,
the day arrive when you come home.

* new verses for the song
"Irish Blessing" by James E. Moore

Penthesilea und Achilleus *

Achilleus:

„Wir haben uns geprüft beim Kampf im Krieg.
Mit Macht der Physis hab ich Dich bezwungen,
doch Dir allein gebührt der ehrenvolle Sieg:
Dein Liebreiz meine Psyche hat bezwungen.“

Penthesilea:

„Dein Wesen, Geist und Leib sind eine Zier,
doch ist geschenkter Lorbeer wenig wert.
Erst wenn gewinne ich den Kampf, gehört er mir:
Entscheiden müssen Waage, Schild und Schwert.“

Achilleus:

für sich: „Ich will bewusst ihr kämpfend unterliegen.“
„Wohlan! Ich setz’ mein Leben gern aufs Spiel,
denn beide, Physis mitsamt Psyche, müssen siegen.
In Liebe sterben ist meines Lebens höchstes Ziel.“

(sie kämpfen und Penthesilea verwundet
Achilleus tödlich.)

* frei nach „Penthesilea“ von Heinrich von Kleist

Penthesilea:

„Wettstreit, Hass und Liebe haben Dich gefällt,
am Firmament nun nimmer leuchtet mir Dein Stern.
Meiner Willkür bist verfallen Du, oh teurer Held:
Achilleus, Liebster! Dich habe ich zum Fressen gern!"

„Für immer will ich Dich in mir begraben,
Dich schlachten und mit Deinem Blute mich betrinken,
mich an Hoden, Herz und Hirn genussvoll laben
und vereint mit Dir im Nichts versinken!"

der Albatros auf Helgoland

Immer wieder fliegt er zu der Insel hin,
die Liebe, die er dort hatt' einst erfahren,
nimmer geht ihm aus dem Sinn,
fliegt hin seit mehr als zwanzig Jahren.

Einsam steht er auf der Klippe, späht gebannt
empor zum Himmel und aufs weite Meer,
doch harrt vergeblich auf der Felsenkant,
die Albatrossin nun kommt nimmermehr.

Ehern ragt die Lange Anna aus der See, die Treue;
immer wieder zieht es mich zu diesem Felskoloss.
Dann denke ich an meine Liebste – ohne Reue,
doch vergebens warte ich auf sie – wie Albatros.

der Adler

Er schweifte im Gefilde – wie ein Adler,
suchend, in die Weite, in die Tiefe spähend.
Fern war seinem Weg ein selt'nes Kleinod:
der Leuchtturm Deiner Aura.

Durch Zufall abgelenkt von seiner Bahn,
hat jene Kostbarkeit er jäh entdeckt
und ward berückt von ihrem Wesen:
der Erde Deiner Güte.

Alle Freuden will er Dir verschaffen,
Dich entführen zu den Sternen,
doch Du magst nicht zähmen ihn:
den Schäfer Deiner Seele.

Also muss er einsam weiter schweifen,
seine Sehnsucht in den Äther schreiben,
bis von ihm nur übrig bleibt sein Staub:
die Asche seiner Liebe.

uneinnehmbare Festung

Aus Zuneigung, mit Mut und zähem Streben
setzt' ich diese kühnen Ziele meinem Leben:

Das Tor zum Garten meiner Sehnsucht sprengen,
die Lanze Deiner Gegenwehr mit Liebe sengen,
die Zinnen Deiner holden Stirn erküssen,
am Burgturm Deiner Aura weiße Fahnen hissen.

In Deines Wesens Festung dringen,
den Schutzschild Deines Herzens zwingen,
den Pfeilen Deiner schnellen Zunge wehren,
dem Bogen Deines Geistes Zwiegespräch bescheren.

Den Brunnen Deiner Seele mir erschließen,
dem Graben Deines Starrsinns Wein eingießen,
den Erker Deiner Einsamkeit mit Seligkeit erhellen,
zum Schwerte Deines Willens Dir Vernunft gesellen.

Den Harnisch weg von Deinem Leibe streifen,
die Mauern rund um Deine Psyche schleifen,
im Goldschatz Deines Lockenhaares wühlen,
am Schutzwall Deiner Tugend meine Lippen kühlen.

Mit Dir stets friedlich streiten, tanzen, singen,
zu resonantem Schwingen uns're Herzen bringen,
zu den Sternen Dich entführen
und zu meiner Königin Dich küren.

Um Deine Gunst nun buhle ich seit sieben Jahren,
doch Deine Burg und Wehr unüberwindbar waren.

Die Burg von Troja ward belagert sieben Jahr'
erfolglos von der Griechen Kriegerschar.
Dann Troja schließlich ward besiegt durch List.
Doch meine Losung Liebe ist.

Gedankensplitter

des Menschen Baum

Zum Himmel strebt des Menschen Baum,
sein Denken Grenzen hat in Zeit und Raum.
Das Wesen seines Daseins er begreifen will,
doch greift nur dessen Schattens Saum.

Wissen und Wahrheit

Uns're Sinne zeichnen kühn ein Bild der Welt.
Verstand die Frag' nach ihrem Wesen stellt,
nach Ursach', Wirkung, Ziel und Zweck.
Wissen nur durch Wahrheit wird erhellt.

Gesetz und Zufall

Fesseln mir Gesetze Bahn und Eigendrall?
Im Chaos bin ich Zufall nur, ein Spielball,
Staubkorn ohne Sinn und Zweck,
doch mit Bewusstsein, nur Momente lang im All.

Zeit und Gegenwart

Vergangenheit stets wächst und dauert,
Zukunft immerzu im Ungewissen lauert.
Zeitlos Gegenwart verweilt,
Zeit uns immerfort enteilt.

Vergänglichkeit

Rätselhaft sind Ursprung, Ziel und Wege der Natur.
Was du gedacht, geschaffen hast, zerfällt, vergeht,
es bleibt kein Hauch von deines Schattens Spur.

Endlichkeit

Liebe – Brot und Wein beschert,
Freundschaft – Licht und Wärme schenkt,
Leben – nur im Bewusstsein währt,
Tod – das Sein ins Nichts versenkt.

Lebensfreuden

Des Lebens Sinn und Kerngehalt
ist bewusst erlebtes Sein,
Erforschen der Natur Gestalt,
Freude in der Freundschaft Kranz,
Wonne in der Liebe Wein,
Lust an Wort, Musik und Tanz.

Essenzen

Forschen und Lernen – zu Erkenntnis reifen.
Gespür und Verstand – den Sinn begreifen.
Ziele mit Hürden – Willen stählen.
Lust und Liebe – Leben beseelen.

Lebenslinien

Denken – den Suchenden geleitet,
Wissen – den Fündigen begleitet,
Wahrheit – vom Verstand erkannt,
Licht – die Finsternis verbannt.

Zeit – dem Zögernden entgleitet,
Raum – dem Wollenden sich weitet,
Weg – der Beharrliche besiegt,
Ziel – zum Strebenden hin fliegt.

Vernunft – mit Gefühlen ringt,
Entschluss – zum Handeln zwingt.
Freundschaft – stets Vertrau'n gewährt,
Liebe – Glück und Seligkeit beschert.

Leben ist Streben,
Streben ist Leben.

Am Ende des Weges wartet die Wahrheit.

Lächelnd schau' zurück!
Mutig blick' nach vorn!

Nachwort

Mythos des Sisyphos

In den griechischen Mythen wird von Sisyphos erzählt, über den Zeus für ein Vergehen eine lebenslange Strafe verhängt hat: Sisyphos ist dazu verdammt, einen schweren Felsbrocken mühsam den Berg hinauf zum Gipfel zu rollen und zu tragen. Doch immer wieder entgleitet ihm der Stein. Ja selbst, wenn er zuweilen es schafft, ihn bis zum Gipfel zu schleppen und ihn dort absetzt, rollt der Stein sogleich wieder hinab ins Tal. Hat also Zeus seine Hand mit im Spiel, damit der Stein an sein Ziel nicht gelangt, am Gipfel niemals liegen bleibt? Sisyphos muss ihn erneut hinauf schleppen. Dieser Vorgang wiederholt sich dauernd, er ist eine lebenslange Strafarbeit.
Die Arbeit des Sisyphos ist zu einem sprichwörtlichen Begriff geworden.

In meinen Texten fügte ich diesem Mythos den Begriff des Gral hinzu – aus folgendem Grund: Wie soll gewährleistet werden, dass Sisyphos den Stein immer wieder zum Gipfel trägt? Es gibt keine Bewacher, die ihn antreiben, diese Arbeit zu verrichten. Offensichtlich hat Zeus dem Sisyphos einen Anreiz vorgetäuscht oder eine Begierde seinem Sinn eingeflößt. Sinnbild des Zieles, dieser Begierde, ist der Gral.

Mythos des Gral

Ursprung und Bedeutung des Gral sind ungeklärt – vielleicht hat er keltische oder orientalische Wurzeln? Der Gral ist ein Trinkgefäß. Als Pokal ist er ein Element der christlichen Überlieferung und Kultgegenstand der Liturgie. In der Artus Sage des

Mittelalters ist der Gral ein Kelch, gefüllt mit einem „magischen"? Getränk. In den Mythen wird dem Gral eine zauberhafte Wirkung auf den Menschen nachgesagt: währende Lebensenergie und Glückseligkeit. Zum Wesen des Menschseins gehört das Verlangen nach diesen Zielen.

Sinnbild der emotionalen Erfüllung ist der Gral.

Der Gral des Sisyphos
Sisyphos verbindet sein physisches Handeln mit dem Stein und sein mentales und emotionales Streben nach dem Gral mit einer Erwartungshaltung:
Der Gral ist Ziel und Lohn. Der Lohn ist Erfüllung.
Dem klassischen Mythos fügte ich andere Szenarien hinzu, in Stichworten:
Strafe des Sisyphos: Leiden ohne Ende; Mühsal mit Perspektive; der Weg ist das Ziel; Prüfung, Erleuchtung und Erkenntnis; Lösung.
Der Stein: Dämon, Gefährte, Talisman, Gral.

Sisyphos ist Sinnbild eines wesentlichen Aspekts des menschlichen Daseins.

Willensfreiheit
Der Mythos des Sisyphos wirft die Frage auf nach den Möglichkeiten und Grenzen unseres Wollens und führt damit zur Frage, ob wir über einen freien Willen verfügen. Darüber haben schon die Philosophen der Antike nachgedacht und dieses Problem beschäftigt seither die Philosophie. Inzwischen ist die Problematik der Willensfreiheit auch ein Forschungsfeld der Neurowissenschaften.

Quellen

Baudelaire, Charles, „Le Guignon“– „Der Unstern“, in „Les Fleurs du Mal“ – „Die Blumen des Bösen“, S. 34, vollständige zweisprachige Ausgabe, aus dem Französischen übertragen, herausgegeben und kommentiert von Friedhelm Kemp, Deutscher Taschenbuch Verlag, München 1997

Camus, Albert, „Der Mythos des Sisyphos“, S. 160, Rowohlt Verlag, 2000

Hafis, Ghasel CLVI, „Der Buchstabe Dal“, S. 119, in „Der Diwan“, Übersetzung von Joseph von Hammer-Purgstall, Matrix Verlag, 2013

Hesse, Hermann, „Glück“, in „Die Gedichte“, S. 193, Suhrkamp Verlag, Berlin, 1953

Kleist, Heinrich von, „Penthesilea“, Phillip Reclam jun., Stuttgart 2012

Moore, James E., „Irish Blessing“, in Musixmatch, 2008

Nietzsche, Friedrich, „Verzweiflung”, in „Gedichte”, S. 98, Philipp Reclam jun., Stuttgart 2010

Pindar, „Pythische Oden VIII“, S. 153, in der Übersetzung von Eugen Dönt, Philipp Reclam jun., Stuttgart, 1986

***

Heiden, Uwe von der und Helmut Schneider, „Hat der Mensch einen freien Willen? – Die Antworten der großen Philosophen“, Philipp Reclam Stuttgart, 2007

Nida-Rümelin, Julian, „Über menschliche Freiheit“, Philipp Reclam Stuttgart, 2005

Omar Khajjam, „Sinnsprüche Omars des Zeltmachers“, aus dem Persischen übertragen von Friedrich Rosen, Insel Verlag, Leipzig, 1929
Seidensticker, Bernd und Antje Wessels (Hrsg.), „Mythos Sisyphos“, Reclam Verlag Leipzig, 2001

Adalbert Mayer-Heinricy

des Meeres und der Liebe Wogen

Gedichte

154 Seiten
Taschenbuch, Format 14 x 22 cm
13,90 Euro
ISBN 978-3-95494-083-7

Die Gedichte widerspiegeln die Geschichte einer Liebe, die auf der Insel Helgoland begonnen hatte. Die Texte handeln von Streben nach Zielen und Wahrheit, von Sehnsucht und Erwartung, von den Möglichkeiten und Grenzen unseres Wollens, von Erfüllung und Scheitern, von Lieben und Leiden, von Zeit und Vergänglichkeit.

Ein erster Schwerpunkt bündelt Texte zum Thema „Liebe, Meer, Fels und Sand – Helgoland". Ein zweiter Schwerpunkt enthält Gedichte zu dem Motiv „Liebe der Nachtigall zur Rose" – einem Sinnbild für Lieben und Leiden. Vielfältige Gedichte sind in einer dritten Abteilung „Liebe, Tod und Teufel" vereinigt.